THE BEST KETO CHAI

CHAFFLES

WRITE YOUR OWN CHAFFLE FAVORITE RECIPE BOOK
WITH 12 BONUS RECIPES TO GET YOU STARTED

CHARMED BY DRAGONS

Printed in the United States of America

First Printing, 2019

ISBN: 9781695688551

Published By Charmed By Dragons, LLC

5526 W. 13400 S. Suite 531
Herriman, Utah 84096

CharmedByDragons@live.com

CHAFFLE DIRECTIONS

IN A MIXING BOWL COMBINE ALL INGREDIENTS

MIX WELL

HEAT CHAFFLE MAKER

SPRAY CHAFFLE MAKER WITH NON STICK SPRAY

ADD THE SPECIFIED AMOUNT OF MIX (BASED ON THE SIZE OF

YOUR CHAFFLE MAKER) TO YOUR CHAFFLE MAKER

CLOSE LID AND COOK CHAFFLE FOR 3-5 MINUTES

CHECK AFTER 3 TO SEE IF IT'S CRISPY AND BROWN

IF IT'S STICKY CLOSE AND COOK FOR 1-2 MORE MINUTES

CHAFFLE RATING

THE PERFECT WAY TO KEEP TRACK OF YOUR FAVORITES

CHAFFLE FAVORITES

KETO CHAFFLE

2 Large Eggs

2 oz Cream Cheese

2 tbsp Almond Flour

1 tbsp Coconut Oil

1/2 tsp Baking Powder

HERB CHAFFLE

1 Large Egg

1/4 C Mozzarella Cheese

1/4 C Parmesan Cheese

1/2 tbsp Melted Butter

1 tsp Herb Seasoning

Sweet CHAFFLE

1 Large Egg

2 oz Cream Cheese

1 tsp Vanilla

1 tsp Coconut Flour

2 tsp Cocoa Powder

2 tsp Sweetener

Cinnamon CHAFFLE

1 Large Egg

1 C Mozzarella Cheese

1 tbsp Almond Flour

1 tsp Vanilla

1 tsp Baking Powder

1 Shake Cinnamon

CHAFFLE Favorites

STRAWBERRY CHAFFLE

6 Large Eggs

8 oz Cream Cheese

1PK Sugar Free -
Strawberry Jello Mix

4 tbsp Coconut Flour

let set 5 minutes

before cooking

DARK CHOCOLATE CHAFFLE

1 Large Egg

2 tbsp Dark Cocoa

2 tbsp Sweetener

1 tbsp Heavy Cream

1/4 tsp Baking Powder

1/2 tsp Vanilla

Pinch of Salt

CHEDDAR CHAFFLE

1 Large Egg

1/2 C Cheddar Cheese

1 tsp Garlic Salt

2 tbsp Almond Flour

1/2 tsp Baking Powder

WHITE BREAD CHAFFLE

2 Egg Whites

4 tbsp Almond Flour

2 tbsp Cream Cheese

2 tsp Water

1/4 tsp Baking Powder

CHAFFLE FAVORITES

GARLIC TOAST CHAFFLE
1 Large Egg
3/4 C Mozzarella Cheese
1 tbsp Parsley
1 tbsp Almond Flour
1/4 tsp Minced Garlic
Sprinkle With
Parmesan Cheese

BLUEBERRY CHAFFLE
1 Large Egg
2 tbsp Dark Cocoa
2 tbsp Sweetener
1 tbsp Heavy Cream
1/4 tsp Baking Powder
1/2 tsp Vanilla
Pinch of Salt

SWEET CHAFFLE
1 Large Egg
1/4 C Mozzarella Cheese
1/2 tsp Cake Batter Flavor
1 tbsp Sugar Free -
White Chocolate

PERFECT CHAFFLE
2 Egg Whites
2 tbsp Almond Flour
2 tbsp Mozzarella Cheese
Pinch of Salt
Pinch of Baking Soda

CHAFFLE

Title:
_____

*INGREDIENTS

_____   _____
_____   _____
_____   _____
_____   _____
_____   _____

NOTES:
_____

Chaffle Rating

CHAFFLE

Title:
_____

*INGREDIENTS

_____   _____
_____   _____
_____   _____
_____   _____
_____   _____

Notes:
_____

Chaffle Rating

CHAFFLE

TITLE:
_____

*INGREDIENTS

_____   _____

_____   _____

_____   _____

_____   _____

_____   _____

NOTES:
_____

CHAFFLE RATING

CHAFFLE

Title:
_____

*INGREDIENTS

_____ _____

_____ _____

_____ _____

_____ _____

_____ _____

Notes:
_____

Chaffle Rating

* C H A F F L E *

Title:
_____

*INGREDIENTS

_____   _____

_____   _____

_____   _____

_____   _____

_____   _____

Notes:
_____

Chaffle Rating

CHAFFLE

Title:
_____

*INGREDIENTS

_____   _____

_____   _____

_____   _____

_____   _____

_____   _____

Notes:
_____

Chaffle Rating

CHAFFLE

Title:
_____

*INGREDIENTS

_____ _____

_____ _____

_____ _____

_____ _____

_____ _____

NOTES:
_____

CHAFFLE RATING

CHAFFLE

Title:
_____

*INGREDIENTS

_____ _____

_____ _____

_____ _____

_____ _____

_____ _____

Notes:
_____

Chaffle Rating

* C H A F F L E *

Title:
_____

*INGREDIENTS

_____   _____
_____   _____
_____   _____
_____   _____
_____   _____

Notes:
_____

Chaffle Rating

CHAFFLE

Title:
_____

*INGREDIENTS

_____   _____

_____   _____

_____   _____

_____   _____

_____   _____

Notes:
_____

Chaffle Rating

* C H A F F L E *

Title:
_____

*INGREDIENTS

_____ _____

_____ _____

_____ _____

_____ _____

_____ _____

NOTES:
_____

Chaffle Rating

CHAFFLE

Title:
_____

*INGREDIENTS

_____   _____

_____   _____

_____   _____

_____   _____

_____   _____

NOTES:
_____

Chaffle Rating

CHAFFLE

Title: _____

*INGREDIENTS

_____   _____

_____   _____

_____   _____

_____   _____

_____   _____

NOTES: _____

Chaffle Rating

CHAFFLE

TITLE:
_____

*INGREDIENTS

_____   _____

_____   _____

_____   _____

_____   _____

_____   _____

NOTES:
_____

Chaffle Rating

CHAFFLE

Title:
_____

*INGREDIENTS

_____ _____

_____ _____

_____ _____

_____ _____

_____ _____

NOTES:
_____

Chaffle Rating

CHAFFLE

TITLE:
_____

*INGREDIENTS

_____   _____
_____   _____
_____   _____
_____   _____
_____   _____

NOTES:
_____

Chaffle Rating

CHAFFLE

Title:
_____

*INGREDIENTS

_____   _____
_____   _____
_____   _____
_____   _____
_____   _____

Notes:
_____

Chaffle Rating

CHAFFLE

Title:
_____

*INGREDIENTS

_____   _____

_____   _____

_____   _____

_____   _____

_____   _____

Notes:
_____

Chaffle Rating

CHAFFLE

Title:
_____

*INGREDIENTS

_____ _____

_____ _____

_____ _____

_____ _____

_____ _____

NOTES:
_____

Chaffle Rating

* C H A F F L E *

TITLE:
_____

*INGREDIENTS

_____   _____

_____   _____

_____   _____

_____   _____

_____   _____

NOTES:
_____

CHAFFLE RATING

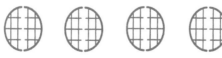

CHAFFLE

Title:
_____

*INGREDIENTS

_____ _____

_____ _____

_____ _____

_____ _____

_____ _____

NOTES:
_____

Chaffle Rating

CHAFFLE

Title:
_____

*INGREDIENTS

_____   _____

_____   _____

_____   _____

_____   _____

_____   _____

NOTES:
_____

Chaffle Rating

CHAFFLE

Title:
_____

*INGREDIENTS

_____ _____

_____ _____

_____ _____

_____ _____

_____ _____

NOTES:
_____

Chaffle Rating

CHAFFLE

TITLE:

_____

*INGREDIENTS

_____   _____

_____   _____

_____   _____

_____   _____

_____   _____

NOTES:

_____

CHAFFLE RATING

* C H A F F L E *

Title:
_____

*INGREDIENTS

_____   _____

_____   _____

_____   _____

_____   _____

_____   _____

Notes:
_____

Chaffle Rating

CHAFFLE

Title:

_____

*INGREDIENTS

_____   _____

_____   _____

_____   _____

_____   _____

_____   _____

NOTES:

_____

Chaffle Rating

CHAFFLE

TITLE:
_____

*INGREDIENTS

_____   _____

_____   _____

_____   _____

_____   _____

_____   _____

NOTES:
_____

CHAFFLE RATING

CHAFFLE

Title:
_____

*INGREDIENTS

_____   _____

_____   _____

_____   _____

_____   _____

_____   _____

NOTES:
_____

Chaffle Rating

CHAFFLE

Title:
_____

*INGREDIENTS

_____   _____

_____   _____

_____   _____

_____   _____

_____   _____

Notes:
_____

Chaffle Rating

CHAFFLE

Title:
_____

*INGREDIENTS

_____   _____
_____   _____
_____   _____
_____   _____
_____   _____

NOTES:
_____

Chaffle Rating

CHAFFLE

Title:
_____

*INGREDIENTS

_____ _____

_____ _____

_____ _____

_____ _____

_____ _____

Notes:
_____

Chaffle Rating

* C H A F F L E *

Title:
_____

* I N G R E D I E N T S

_____   _____

_____   _____

_____   _____

_____   _____

_____   _____

Notes:
_____

Chaffle Rating

CHAFFLE

Title:
_____

*INGREDIENTS

_____ _____

_____ _____

_____ _____

_____ _____

_____ _____

NOTES:
_____

Chaffle Rating

CHAFFLE

TITLE:

*INGREDIENTS

_____   _____

_____   _____

_____   _____

_____   _____

_____   _____

NOTES:

CHAFFLE RATING

CHAFFLE

TITLE: _____

*INGREDIENTS

_____   _____

_____   _____

_____   _____

_____   _____

_____   _____

NOTES: _____

CHAFFLE RATING

CHAFFLE

Title:
_____

*INGREDIENTS

_____ _____

_____ _____

_____ _____

_____ _____

_____ _____

NOTES:
_____

Chaffle Rating

CHAFFLE

Title:
_____

*INGREDIENTS

_____ _____

_____ _____

_____ _____

_____ _____

_____ _____

NOTES:
_____

Chaffle Rating

CHAFFLE

Title:

_____

*INGREDIENTS

_____   _____

_____   _____

_____   _____

_____   _____

_____   _____

Notes:

_____

Chaffle Rating

* C H A F F L E *

Title:
_____

* I N G R E D I E N T S

_____ _____

_____ _____

_____ _____

_____ _____

_____ _____

Notes:
_____

Chaffle Rating

CHAFFLE

Title:
_____

*INGREDIENTS

_____   _____
_____   _____
_____   _____
_____   _____
_____   _____

Notes:
_____

Chaffle Rating

CHAFFLE

Title:
_____

*INGREDIENTS

_____   _____

_____   _____

_____   _____

_____   _____

_____   _____

NOTES:
_____

Chaffle Rating

CHAFFLE

Title:
_____

*INGREDIENTS

_____   _____

_____   _____

_____   _____

_____   _____

_____   _____

NOTES:
_____

Chaffle Rating

* C H A F F L E *

Title:
_____

* I N G R E D I E N T S

_____ _____

_____ _____

_____ _____

_____ _____

_____ _____

Notes:
_____

Chaffle Rating

CHAFFLE

Title:
_____

*INGREDIENTS

_____   _____

_____   _____

_____   _____

_____   _____

_____   _____

Notes:
_____

Chaffle Rating

CHAFFLE

Title:
_____

*INGREDIENTS

_____   _____

_____   _____

_____   _____

_____   _____

_____   _____

NOTES:
_____

Chaffle Rating

CHAFFLE

Title:
_____

*INGREDIENTS

_____   _____

_____   _____

_____   _____

_____   _____

_____   _____

Notes:
_____

Chaffle Rating

CHAFFLE

Title:
_____

*INGREDIENTS

_____   _____

_____   _____

_____   _____

_____   _____

_____   _____

Notes:
_____

Chaffle Rating

CHAFFLE

TITLE:
_____

*INGREDIENTS

_____ _____

_____ _____

_____ _____

_____ _____

_____ _____

NOTES:
_____

CHAFFLE RATING

* C H A F F L E *

Title:
_____

*INGREDIENTS

_____ _____

_____ _____

_____ _____

_____ _____

_____ _____

NOTES:
_____

Chaffle Rating

CHAFFLE

Title:
_____

*INGREDIENTS

_____   _____

_____   _____

_____   _____

_____   _____

_____   _____

Notes:
_____

Chaffle Rating

* C H A F F L E *

TITLE:
_____

*INGREDIENTS

_____ _____

_____ _____

_____ _____

_____ _____

_____ _____

NOTES:
_____

CHAFFLE RATING

CHAFFLE

Title:
_____

*INGREDIENTS

_____   _____

_____   _____

_____   _____

_____   _____

_____   _____

Notes:
_____

Chaffle Rating

CHAFFLE

Title:
_____

*INGREDIENTS

_____ _____

_____ _____

_____ _____

_____ _____

_____ _____

NOTES:
_____

Chaffle Rating

CHAFFLE

TITLE:
_____

*INGREDIENTS

_____   _____

_____   _____

_____   _____

_____   _____

_____   _____

NOTES:
_____

CHAFFLE RATING

CHAFFLE

Title:
_____

*INGREDIENTS

_____   _____

_____   _____

_____   _____

_____   _____

_____   _____

Notes:
_____

Chaffle Rating

CHAFFLE

TITLE:
_____

*INGREDIENTS

_____   _____

_____   _____

_____   _____

_____   _____

_____   _____

NOTES:
_____

CHAFFLE RATING

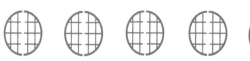

CHAFFLE

Title:
_____

*INGREDIENTS

_____ _____

_____ _____

_____ _____

_____ _____

_____ _____

NOTES:
_____

Chaffle Rating

CHAFFLE

Title:
_____

*INGREDIENTS

_____   _____

_____   _____

_____   _____

_____   _____

_____   _____

NOTES:
_____

Chaffle Rating

* C H A F F L E *

TITLE:
_____

*INGREDIENTS

_____   _____

_____   _____

_____   _____

_____   _____

_____   _____

NOTES:
_____

CHAFFLE RATING

CHAFFLE

TITLE:
_____

*INGREDIENTS

_____   _____

_____   _____

_____   _____

_____   _____

_____   _____

NOTES:
_____

CHAFFLE RATING

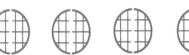

CHAFFLE

TITLE:
_____

*INGREDIENTS

_____ _____

_____ _____

_____ _____

_____ _____

_____ _____

NOTES:
_____

Chaffle Rating

CHAFFLE

Title:
_____

*INGREDIENTS

_____   _____

_____   _____

_____   _____

_____   _____

_____   _____

Notes:
_____

Chaffle Rating

* C H A F F L E *

Title:
_____

* I N G R E D I E N T S

_____   _____

_____   _____

_____   _____

_____   _____

_____   _____

Notes:
_____

Chaffle Rating

CHAFFLE

Title:
_____

*INGREDIENTS

_____   _____

_____   _____

_____   _____

_____   _____

_____   _____

Notes:
_____

Chaffle Rating

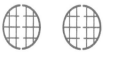

CHAFFLE

Title:
_____

*INGREDIENTS

_____   _____
_____   _____
_____   _____
_____   _____
_____   _____

NOTES:
_____

Chaffle Rating

CHAFFLE

Title:
_____

*INGREDIENTS

_____   _____

_____   _____

_____   _____

_____   _____

_____   _____

NOTES:
_____

Chaffle Rating

CHAFFLE

TITLE:
_____

*INGREDIENTS

_____   _____

_____   _____

_____   _____

_____   _____

_____   _____

NOTES:
_____

CHAFFLE RATING

CHAFFLE

Title:
_____

*INGREDIENTS

_____   _____

_____   _____

_____   _____

_____   _____

_____   _____

Notes:
_____

Chaffle Rating

CHAFFLE

Title:
_____

*INGREDIENTS

_____ _____

_____ _____

_____ _____

_____ _____

_____ _____

NOTES:
_____

Chaffle Rating

CHAFFLE

Title:
_____

*INGREDIENTS

_____   _____
_____   _____
_____   _____
_____   _____
_____   _____

Notes:
_____

Chaffle Rating

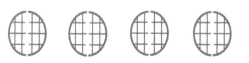

CHAFFLE

Title:
_____

*INGREDIENTS

_____   _____

_____   _____

_____   _____

_____   _____

_____   _____

Notes:
_____

Chaffle Rating

CHAFFLE

Title:
_____

*INGREDIENTS

_____ _____
_____ _____
_____ _____
_____ _____
_____ _____

NOTES:
_____

CHAFFLE RATING

CHAFFLE

TITLE:
_____

*INGREDIENTS

_____   _____
_____   _____
_____   _____
_____   _____
_____   _____

NOTES:
_____

CHAFFLE RATING

CHAFFLE

Title:
_____

*INGREDIENTS

_____ _____

_____ _____

_____ _____

_____ _____

_____ _____

NOTES:
_____

Chaffle Rating

CHAFFLE

Title:
_____

*INGREDIENTS

_____   _____

_____   _____

_____   _____

_____   _____

_____   _____

Notes:
_____

Chaffle Rating

CHAFFLE

Title:
_____

*INGREDIENTS

_____   _____
_____   _____
_____   _____
_____   _____
_____   _____

NOTES:
_____

Chaffle Rating

CHAFFLE

Title:
_____

*INGREDIENTS

_____   _____

_____   _____

_____   _____

_____   _____

_____   _____

NOTES:
_____

Chaffle Rating

CHAFFLE

Title:
_____

*INGREDIENTS

_____   _____

_____   _____

_____   _____

_____   _____

_____   _____

Notes:
_____

Chaffle Rating

CHAFFLE

Title:
_____

*INGREDIENTS

_____   _____

_____   _____

_____   _____

_____   _____

_____   _____

Notes:
_____

Chaffle Rating

CHAFFLE

Title:
_____

*INGREDIENTS

_____   _____

_____   _____

_____   _____

_____   _____

_____   _____

NOTES:
_____

Chaffle Rating

CHAFFLE

Title:
_____

*INGREDIENTS

_____   _____

_____   _____

_____   _____

_____   _____

_____   _____

Notes:
_____

Chaffle Rating

CHAFFLE

Title:
_____

*INGREDIENTS

_____   _____

_____   _____

_____   _____

_____   _____

_____   _____

Notes:
_____

Chaffle Rating

CHAFFLE

Title:
_____

*INGREDIENTS

_____   _____

_____   _____

_____   _____

_____   _____

_____   _____

NOTES:
_____

Chaffle Rating

* C H A F F L E *

Title:
_____

*INGREDIENTS

_____   _____

_____   _____

_____   _____

_____   _____

_____   _____

NOTES:
_____

Chaffle Rating

CHAFFLE

Title:
_____

*INGREDIENTS

_____   _____

_____   _____

_____   _____

_____   _____

_____   _____

Notes:
_____

Chaffle Rating

* C H A F F L E *

TITLE:

_____

*INGREDIENTS

_____   _____

_____   _____

_____   _____

_____   _____

_____   _____

NOTES:

_____

CHAFFLE RATING

CHAFFLE

Title:
_____

*INGREDIENTS

_____ _____

_____ _____

_____ _____

_____ _____

_____ _____

NOTES:
_____

Chaffle Rating

* C H A F F L E *

Title:
_____

*INGREDIENTS

_____   _____

_____   _____

_____   _____

_____   _____

_____   _____

NOTES:
_____

Chaffle Rating

* C H A F F L E *

Title:
_____

*INGREDIENTS

_____ _____

_____ _____

_____ _____

_____ _____

_____ _____

NOTES:
_____

Chaffle Rating

CHAFFLE

TITLE:
_____

*INGREDIENTS

_____   _____

_____   _____

_____   _____

_____   _____

_____   _____

NOTES:
_____

CHAFFLE RATING

CHAFFLE

Title:
_____

*INGREDIENTS

_____   _____

_____   _____

_____   _____

_____   _____

_____   _____

NOTES:
_____

Chaffle Rating

* C H A F F L E *

Title:
_____

*INGREDIENTS

_____   _____

_____   _____

_____   _____

_____   _____

_____   _____

NOTES:
_____

Chaffle Rating

CHAFFLE

Title:
_____

*INGREDIENTS

_____   _____

_____   _____

_____   _____

_____   _____

_____   _____

NOTES:
_____

Chaffle Rating

CHAFFLE

Title:
_____

*INGREDIENTS

_____ _____

_____ _____

_____ _____

_____ _____

_____ _____

NOTES:
_____

Chaffle Rating

CHAFFLE

Title:
_____

*INGREDIENTS

_____   _____

_____   _____

_____   _____

_____   _____

_____   _____

NOTES:
_____

Chaffle Rating